La masonería: historia, mito y realidad

colección
TABLA
ESMERALDA

La Colección Tabla Esmeralda es mucho más que una serie de libros: es una invitación a descubrir tu poder interior y a explorar los secretos más ocultos del universo. A través de una selección exquisita de obras emblemáticas en los campos del esoterismo, la autoayuda y el pensamiento espiritual, esta colección está pensada para aquellos que buscan expandir su conciencia y comprender los misterios que han fascinado a la humanidad desde tiempos ancestrales.

Cada libro te guiará en un viaje profundo hacia el conocimiento místico y el desarrollo personal, ayudándote a desentrañar los enigmas que rodean la existencia humana y a conectar con el poder transformador de la mente y el alma. Si sientes el llamado de lo desconocido, si anhelas descubrir verdades ocultas y elevar tu ser a nuevas dimensiones, la Colección Tabla Esmeralda es el compañero perfecto en tu búsqueda espiritual.

LUCÍA FABRA

LA MASONERÍA:
HISTORIA, MITO Y REALIDAD

ALCARAZ
EDICIONES

© Alcaraz Ediciones, 2024
© Lucía Fabra, 2024

Mare Nostrum, 44
46420 – El Perelló
Sueca, Valencia
Teléf.: (+34) 910 46 54 33
e-mail: info@alcarazediciones.es
https://alcarazediciones.es

I.S.B.N.: 979-13-87586-10-2
Depósito Legal: V-4693-2024

Diseño y maquetación: Iván García Molinero
Printed in Spain / Impreso en España

ÍNDICE

INTRODUCCIÓN: EL ENIGMA DE LA MASONERÍA

La masonería ha sido, durante siglos, una de las organizaciones más enigmáticas y controvertidas de la historia. Sus orígenes, rituales y símbolos han fascinado y provocado debates entre historiadores, filósofos y críticos. Desde su creación, ha despertado la curiosidad de figuras destacadas y ha sido objeto de teorías, desde aquellas que la ven como una organización filantrópica y humanitaria, hasta las que la perciben como una fuerza secreta que busca influir en los destinos de los gobiernos y religiones. Esta ambigüedad ha sido, en parte, fomentada por el propio secretismo de la masonería, que la ha convertido en un terreno fértil para especulaciones y mitos. "Si la masonería es una sociedad secreta, es la más pública de todas", dijo Voltaire, resaltando la aparente contradicción de una organización cuyo carácter discreto ha estado siempre acompañado de una notoria presencia pública.

La masonería, a través de su historia, ha sido interpretada como una fraternidad filosófica, una conspiración política, e incluso una sociedad de carácter esotérico. Esta dualidad de opiniones responde a la multiplicidad de aspectos que conforman su naturaleza. Para algunos, es una organización basada en ideales universales de libertad, igualdad y fraternidad, mientras que para otros es un grupo que busca controlar el destino de las naciones. No obstante, lo que es innegable es su capacidad de haber atraído a algunas de las mentes más brillantes de cada época.

Orígenes operativos y transición especulativa

Los orígenes de la masonería se remontan a los gremios medievales de albañiles y constructores, conocidos como masones operativos, quienes jugaban un rol clave en la construcción de catedrales y otros edificios religiosos. Durante la Edad Media, la construcción de estos monumentos no solo representaba la destreza técnica, sino también el conocimiento profundo de las matemáticas, la geometría y la simbología religiosa, elementos que formaban parte del bagaje de estos artesanos. Los masones operativos fueron responsables de algunas de las obras arquitectónicas más impresionantes de la historia, como las catedrales góticas de Europa, en las que el simbolismo jugaba un papel tan importante como la propia estructura.

En este contexto, las herramientas del albañil —como la escuadra, el compás y la plomada— comenzaron a adquirir un significado simbólico. Estas herramientas pasaron a representar principios morales y filosóficos, como la rectitud, la justicia y el equilibrio en la vida. Este simbolismo fue el que más tarde adoptaron los masones especulativos, quienes vieron en las herramientas del oficio una analogía para el perfeccionamiento personal y la búsqueda del conocimiento.

La transición de la masonería operativa a la especulativa se produjo a finales del siglo XVI y principios del XVII, cuando las logias de constructores comenzaron a aceptar a personas que no estaban directamente involucradas en la construcción, pero que compartían un interés por los ideales filosóficos y espirituales asociados a la masonería. Este proceso culminó con la fundación de la Gran Logia de Londres en 1717, considerada el nacimiento oficial de la masonería moderna. Esta organización unificó y estandarizó los rituales y símbolos de las diferentes logias inglesas y marcó el inicio de una nueva etapa para la fraternidad.

Un hito fundamental en este proceso fue la publicación de las *Constituciones de Anderson* en 1723, un documento redactado por James

Anderson que estableció las bases formales de la masonería especulativa. Las constituciones abogaban por la inclusión de personas de todas las religiones, siempre que creyeran en un "Ser Supremo", lo que permitió a la masonería expandirse rápidamente en todo el mundo. Esta apertura fue clave en el desarrollo de la fraternidad como un espacio de libertad intelectual en el que se podían debatir ideas sobre ciencia, filosofía y moral sin las restricciones impuestas por la religión o la política. Gotthold Ephraim Lessing, dramaturgo y filósofo alemán, afirmó que "la masonería es el arte de conocerse a sí mismo y de formar a otros", subrayando la importancia de la reflexión y el autoconocimiento dentro de la organización.

La expansión global

A partir del siglo XVIII, la masonería experimentó una expansión global, que coincidió con el auge del pensamiento ilustrado. En este periodo, los ideales de libertad, igualdad y fraternidad de la masonería se alineaban con los principios de la Ilustración, y muchos de los más grandes pensadores de la época se convirtieron en miembros de la fraternidad. Entre ellos se encontraban figuras como Voltaire, Diderot y Benjamin Franklin.

Este último fue un masón muy influyente en Estados Unidos, donde desempeñó un papel crucial en la redacción de la Declaración de Independencia y en la promoción de los valores republicanos.

En Francia, la masonería también desempeñó un papel significativo en el contexto de la Revolución de 1789. Aunque no fue una fuerza unificada, ya que entre sus miembros se encontraban tanto partidarios como opositores del Antiguo Régimen, la influencia de la masonería en los ideales revolucionarios es innegable. Líderes como Marat y Robespierre eran masones, y muchos de los principios de la Revolución Francesa —libertad, igualdad y fraternidad— estaban profundamente arraigados en la filosofía masónica.

En América Latina, la influencia de la masonería también fue notable en los movimientos de independencia. Simón Bolívar, José de San Martín y Bernardo O'Higgins, entre otros, fueron masones que abrazaron los ideales de libertad y autodeterminación. Bolívar, conocido como "El Libertador", era miembro de la Logia Protectora de las Virtudes en Caracas, y su visión de una América unida y libre estuvo profundamente marcada por los valores masónicos. La masonería proporcionó un marco filosófico y organizativo para muchos de estos líderes, quienes encontraron en ella una red de apoyo y de intercambio de ideas.

La expansión de la masonería también dio lugar a la diversificación de sus ritos. El Rito Escocés Antiguo y Aceptado, que tiene su origen en las logias francesas del siglo XVIII, es uno de los más conocidos. Este rito cuenta con una estructura jerárquica de 33 grados, cada uno con sus propios rituales y simbolismos. Otros ritos, como el Rito de York o el Rito Francés, también han contribuido a la diversidad dentro de la masonería, proporcionando diferentes enfoques y prácticas, pero manteniendo los mismos principios fundamentales.

El enigma de la masonería

La expansión global de la masonería, combinada con su carácter reservado, ha dado lugar a numerosas teorías y leyendas sobre su verdadero propósito. Una de las más persistentes es la que vincula a la masonería con los Caballeros Templarios, la orden militar que fue disuelta en el siglo XIV tras ser acusada de herejía. Aunque no existen pruebas concluyentes que demuestren una conexión directa entre ambas organizaciones, el hecho de que tanto los templarios como los masones utilicen símbolos relacionados con el Templo de Salomón ha alimentado especulaciones durante siglos.

El mito de Hiram Abif, el maestro constructor del Templo de Salomón, es central en la mitología masónica y ha sido objeto de múltiples interpretaciones esotéricas. Según la leyenda, Hiram fue asesinado por tres compañeros que querían extraerle los secretos del oficio, pero él prefirió morir antes que revelar los misterios. Esta historia se ha interpretado como una alegoría de la búsqueda del conocimiento y la necesidad de preservar los secretos sagrados, lo que refuerza la idea de que la masonería es una organización dedicada a la protección de un conocimiento antiguo y oculto.

Objetivo del libro

El propósito de este libro es proporcionar una visión equilibrada y documentada de la masonería, explorando tanto sus raíces históricas como los mitos y leyendas que la rodean. A lo largo de los capítulos, se analizará su relación con otras organizaciones esotéricas, como los rosacruces y los Illuminati, y se abordarán temas tan variados como su influencia en la política, su relación con el ocultismo y el esoterismo, y las diversas teorías de conspiración que han surgido en torno a ella. El objetivo es ofrecer una aproximación clara y objetiva a una de las fraternidades más antiguas y enigmáticas del mundo.

Como señaló Albert Pike, una de las grandes figuras de la masonería en el siglo XIX, "lo que hacemos para los demás es lo que hacemos para nosotros mismos". A través de esta filosofía de servicio y automejoramiento, la masonería ha dejado una huella profunda en la historia, y este libro busca desvelar, sin prejuicios, esa influencia y su relevancia contemporánea.

CAPÍTULO 1: LOS ORÍGENES LEGENDARIOS DE LA MASONERÍA

La masonería operativa

La masonería, en su origen, se asocia a los gremios medievales de constructores, conocidos como masones operativos. Estos grupos de artesanos jugaban un papel fundamental en la construcción de catedrales, abadías, iglesias y otros edificios de gran importancia en la Europa medieval. Durante este periodo, el conocimiento de los masones no solo era técnico, sino que abarcaba aspectos matemáticos y simbólicos que reflejaban una conexión profunda entre la arquitectura y la espiritualidad. Las construcciones religiosas medievales estaban impregnadas de simbolismo, desde su orientación astronómica hasta el uso de proporciones sagradas en su diseño, lo que denota un conocimiento técnico vinculado con el misticismo.

Los gremios de albañiles operaban bajo un sistema jerárquico estricto, con aprendices, compañeros y maestros. Estos niveles de la masonería operativa fueron heredados más tarde por la masonería especulativa como parte de su estructura organizativa. Los masones operativos eran respetados por sus habilidades, y su capacidad para construir estructuras que parecían desafiar las leyes de la gravedad les otorgaba un aura casi mágica. Las herramientas de su oficio, como la escuadra y el compás, además de sus conocimientos geométricos, no solo les permitían erigir estos grandes monumentos, sino también comprender y transmitir un profundo simbolismo a las generaciones futuras.

Este simbolismo está presente en catedrales como Notre-Dame en París o Chartres, donde los masones dejaron signos y marcas que aún hoy se debaten y estudian. Aunque en principio estos símbolos eran útiles para distinguir el trabajo de los diferentes gremios, con el tiempo adquirieron un significado más profundo, ligado al conocimiento secreto de la arquitectura sagrada. La transición a la masonería especulativa, que veremos más adelante, se nutrió precisamente de esta transmisión de saberes.

Los constructores de catedrales y templos

El auge de la masonería operativa tuvo lugar durante los siglos XI al XV, coincidiendo con la construcción de algunas de las catedrales más impresionantes del mundo. Estas obras monumentales no solo eran un testimonio de la fe cristiana, sino también de la habilidad y el conocimiento acumulado por los masones. Las catedrales góticas, con sus altos arcos apuntados, rosetones y bóvedas de crucería, son un ejemplo del dominio técnico y la capacidad simbólica de los masones medievales.

Los constructores de estos templos no solo eran artesanos, sino también eruditos en un conocimiento simbólico que relacionaba la construcción con los misterios del universo. El uso de proporciones matemáticas, como el número áureo, y la alineación astronómica de los edificios, sugiere una profunda comprensión del cosmos. Algunos historiadores argumentan que los constructores medievales veían su trabajo como una forma de replicar el orden divino en la Tierra, una idea que más tarde sería absorbida por la masonería especulativa.

Es interesante notar que los masones operativos también disfrutaban de privilegios especiales en las ciudades donde trabajaban. A menudo eran eximidos de ciertos impuestos y se les concedían libertades que no estaban al alcance de otros gremios, lo que les otorgaba una posición de cierto poder e influencia. Estas concesiones se debían en gran medida a la naturaleza especializada de su oficio, pero también al secretismo que rodeaba su trabajo. Las logias de masones eran tanto lugares de aprendizaje como de protección de los secretos del oficio, donde los conocimientos se transmitían de generación en generación.

Mitos fundacionales: Hiram Abif y el Templo de Salomón

Uno de los mitos más importantes de la masonería especulativa es la leyenda de Hiram Abif, el maestro constructor del Templo de Salomón. Esta historia, que no tiene base histórica, pero es central en la simbología masónica, narra la vida y el martirio de Hiram, quien, según la tradición, fue asesinado por tres compañeros que buscaban arrancarle los secretos de su oficio. Hiram prefirió morir antes que revelar esos secretos, y su historia ha sido interpretada como una alegoría de la fidelidad a los principios masónicos y el sacrificio en aras del conocimiento.

El mito de Hiram Abif simboliza también la búsqueda del conocimiento y la superación personal, temas recurrentes en la masonería. Al igual que los constructores medievales buscaban reflejar el orden cósmico en sus catedrales, los masones especulativos ven en el mito de Hiram una representación de la construcción del "templo interior", es decir, el perfeccionamiento moral y espiritual del individuo. "El Templo de Salomón no es más que una metáfora del hombre mismo, quien debe construir su propia perfección, piedra a piedra", diría Albert Pike, uno de los más influyentes masones del siglo XIX.

El Templo de Salomón, en sí mismo, es otro de los grandes símbolos dentro de la masonería. Aunque se trata de un edificio que ha desaparecido, su importancia en la tradición bíblica y su asociación con la sabiduría del rey Salomón lo han convertido en un arquetipo de perfección arquitectónica y espiritual. El templo representa el ideal masónico de equilibrio entre las fuerzas opuestas del universo —la luz y la oscuridad, el bien y el mal—, una concepción que también se encuentra en otras tradiciones esotéricas.

La leyenda de los maestros constructores

A lo largo de la historia de la masonería, ha habido otras leyendas asociadas a los constructores. Uno de los mitos más perdurables es el de los "maestros constructores" que, según algunas tradiciones esotéricas, poseían conocimientos arcanos transmitidos desde las antiguas civilizaciones, como Egipto y Babilonia. Estos maestros serían los herederos de un saber perdido que combinaba geometría, astronomía y espiritualidad, y que habría sido preservado en los templos y monumentos construidos por los masones operativos.

Este mito conecta a la masonería con una visión más amplia del conocimiento esotérico y sugiere que los masones, tanto operativos como especulativos, son los guardianes de una sabiduría oculta que se remonta a la antigüedad. Estas ideas se popularizaron especialmente durante el Renacimiento, un periodo en el que resurgió el interés por los conocimientos herméticos y la alquimia, y que influyó notablemente en el desarrollo de la masonería especulativa.

Autores como Manly P. Hall han afirmado que "la masonería es una perpetuación de los antiguos misterios" y que los ritos masónicos contienen vestigios de ceremonias realizadas en las antiguas escuelas de misterios de Egipto, Grecia y Roma. Aunque estas afirmaciones no están respaldadas por pruebas históricas concretas, han contribuido a la imagen de la masonería como una organización vinculada al ocultismo y los secretos ancestrales.

CAPÍTULO 2: LA TRANSICIÓN A LA MASONERÍA ESPECULATIVA

La fundación de la Gran Logia de Londres (1717)

La fundación de la Gran Logia de Londres en 1717 marcó un punto de inflexión en la historia de la masonería. Aunque la masonería especulativa ya existía antes de esa fecha, la creación de una organización centralizada permitió la estandarización de los rituales, símbolos y enseñanzas masónicas. Este fue el primer paso hacia la transformación de la masonería en una fraternidad filosófica y moral que, con el tiempo, se extendería por todo el mundo.

La Gran Logia de Londres unió a varias logias que ya existían en la ciudad y sus alrededores, y su principal objetivo era regular la práctica de la masonería. En lugar de centrarse en el arte de la construcción, la nueva masonería especulativa ponía el énfasis en los principios morales y en la búsqueda del conocimiento, utilizando los antiguos símbolos del oficio de albañil como metáforas de la perfección moral y espiritual del individuo.

La creación de la Gran Logia también atrajo a figuras destacadas del mundo intelectual y político. Entre los primeros miembros de la nueva fraternidad se encontraban hombres como Sir Christopher Wren, el arquitecto responsable de la reconstrucción de la Catedral de San Pablo en Londres, y James Anderson, quien sería el encargado de redactar las primeras constituciones de la masonería especulativa.

Las Constituciones de Anderson (1723)

Uno de los momentos más significativos en la evolución de la masonería especulativa fue la redacción y publicación de las *Constituciones de Anderson* en 1723. Escritas por el reverendo James Anderson, estas constituciones se convirtieron en la base normativa para todas las logias masónicas que surgieron a partir de entonces. El documento marcaba un cambio definitivo desde los gremios de constructores medievales hacia una organización más filosófica, centrada en el perfeccionamiento personal y la fraternidad universal.

Las *Constituciones de Anderson* regularizaban aspectos clave de la masonería, tales como los grados, las obligaciones de los miembros y la estructura jerárquica dentro de las logias. Anderson establecía que la masonería no debía estar vinculada a ninguna religión en particular, aunque exigía a sus miembros la creencia en un Ser Supremo, al que se refiere como el Gran Arquitecto del Universo. Este principio de inclusividad religiosa permitió que la masonería pudiera acoger a personas de distintas confesiones, algo que en la época era especialmente novedoso, dado el fuerte sectarismo religioso que caracterizaba a la sociedad europea.

Además, las *Constituciones* especificaban la estructura jerárquica de la organización en los grados de aprendiz, compañero y maestro, cada uno con sus respectivos rituales y símbolos. Esta distinción de grados, heredada de la masonería operativa, pero reinterpretada en un sentido más simbólico y filosófico, permitió a los masones especulativos desarrollar un sistema ritual que, aún hoy, sigue siendo uno de los aspectos más llamativos y misteriosos de la organización.

Uno de los principios fundamentales de las *Constituciones de Anderson* es el de la fraternidad universal. Anderson afirmaba que los masones debían ver más allá de las divisiones políticas y religiosas, y trabajar por el bien de la humanidad en su conjunto. Este ideal se alinea con las ideas de la Ilustración, que por aquel entonces estaba en pleno auge, y que propugnaba la razón, la ciencia y la mejora de la sociedad a través del conocimiento. La masonería, con sus enseñanzas simbólicas y su estructura ritual, ofrecía un marco perfecto para este tipo de pensamiento, y su crecimiento fue paralelo al de los movimientos intelectuales de la época.

La aceptación de masones no operativos

Un cambio fundamental que introdujo la masonería especulativa fue la aceptación de miembros que no pertenecían al gremio de albañiles. Desde principios del siglo XVII, las logias comenzaron a admitir a hombres que no eran constructores, pero que compartían el interés por los ideales de la fraternidad, la moralidad y el conocimiento. Estos masones "aceptados" o "especulativos" fueron esenciales para la transformación de la masonería en una fraternidad filosófica.

La transición hacia una masonería especulativa fue gradual. Durante un tiempo coexistieron las logias operativas, compuestas principalmente por albañiles, con aquellas que acogían a miembros ajenos al oficio. Sin embargo, hacia finales del siglo XVII y principios del XVIII, las logias especulativas comenzaron a predominar. En este sentido, la fundación de la Gran Logia de Londres en 1717 y la publicación de las *Constituciones de Anderson* en 1723 marcaron el momento en el que la masonería especulativa se consolidó definitivamente.

Una de las figuras clave en esta transición fue Elias Ashmole, un anticuario y alquimista inglés que fue iniciado en una logia en 1646, mucho antes de la fundación de la Gran Logia. Ashmole no era albañil, pero su interés en la alquimia y el esoterismo lo llevó a unirse a la masonería. Su iniciación es uno de los primeros registros de un "masón aceptado", y su figura simboliza el cambio hacia una fraternidad que, más que un gremio de constructores, se convirtió en un espacio de intercambio intelectual y filosófico.

El concepto de "masón aceptado" refleja el creciente interés en la masonería por parte de la clase intelectual y aristocrática de la época. Para muchos, unirse a una logia no solo significaba participar en rituales misteriosos, sino también integrarse en una red de influencias que incluía a algunos de los pensadores y políticos más influyentes de Europa. A lo largo del siglo XVIII, la masonería especulativa se extendió por el continente, y con ello, su imagen como una sociedad que, a través de su simbolismo y rituales, ofrecía una vía de mejora tanto personal como social.

Simbolismo y rituales de la masonería especulativa

Uno de los aspectos más fascinantes de la masonería es su profundo uso del simbolismo. Desde sus orígenes operativos, la masonería ha utilizado herramientas de construcción como la escuadra, el compás, el nivel y la plomada para representar conceptos filosóficos y morales. En la masonería especulativa, estas herramientas se reinterpretaban para enseñar lecciones sobre la vida y la conducta humana. La escuadra, por ejemplo, simboliza la rectitud y el comportamiento ético, mientras que el compás representa la moderación y el autocontrol.

El simbolismo masónico está intrínsecamente vinculado a los rituales de iniciación. Estos rituales, que se han transmitido de generación en generación, son una parte esencial de la experiencia masónica y están diseñados para llevar al iniciado a través de un proceso de transformación personal. El uso del simbolismo en los rituales no solo ayuda a transmitir los valores masónicos, sino que también conecta a los masones con una tradición que se remonta a tiempos inmemoriales.

Uno de los símbolos más importantes en la masonería es el Templo de Salomón, que, como vimos en el capítulo anterior, representa tanto el conocimiento perdido como el ideal de perfección moral y espiritual. Los masones especulativos ven en el Templo de Salomón una alegoría del viaje interior que cada individuo debe emprender para alcanzar la sabiduría y la autorrealización.

Otro aspecto central del simbolismo masónico es la idea de la "luz". Los masones especulativos a menudo hablan de "buscar la luz", lo que en su contexto significa la búsqueda del conocimiento y la verdad. La luz simboliza la razón, la sabiduría y la comprensión, y contrasta con la oscuridad de la ignorancia. Este motivo, que también se encuentra en otras tradiciones esotéricas, refleja la influencia de la Ilustración en la masonería. En palabras de Thomas Paine, uno de los grandes pensadores ilustrados y también masón, "la masonería otorga a sus miembros una luz que ningún otro lugar les puede ofrecer: la luz del conocimiento y la libertad".

La importancia del simbolismo y los rituales en la masonería es tal que, para muchos, estas ceremonias representan un vínculo con un conocimiento ancestral. Aunque la masonería especulativa se desarrolló durante el siglo XVIII, muchos de sus símbolos y rituales tienen raíces que se remontan a las antiguas escuelas de misterios de Egipto, Grecia y Roma. Este elemento de continuidad histórica es una de las razones por las que la masonería ha fascinado a generaciones de intelectuales y buscadores espirituales.

CAPÍTULO 3: LA RELACIÓN CON LOS TEMPLARIOS

La relación entre la masonería y los templarios ha sido objeto de fascinación y especulación desde hace siglos. A pesar de la falta de pruebas históricas concluyentes que vinculen directamente a los caballeros templarios con los masones, la mitología y el simbolismo compartidos entre ambas órdenes han alimentado esta conexión en la imaginación popular y en diversas teorías esotéricas.

Origen de las teorías sobre los templarios

Las primeras menciones a una relación entre la masonería y los templarios datan del siglo XVIII, cuando la masonería especulativa comenzaba a expandirse por Europa. Durante este tiempo, varios autores y masones comenzaron a establecer paralelismos entre los ideales y rituales de ambas organizaciones. La caída de la Orden del Temple en 1312, bajo las órdenes del rey Felipe IV de Francia y del papa Clemente V, dejó a los templarios envueltos en un aura de misterio, especialmente por los rumores sobre su riqueza oculta y sus supuestas prácticas esotéricas.

Algunos masones afirmaban que, tras la disolución de la Orden del Temple, algunos templarios escaparon a Escocia y encontraron refugio en las logias de constructores medievales. Allí habrían transmitido sus secretos y su estructura organizativa a estos gremios, lo que eventualmente habría dado lugar a la masonería especulativa. Aunque esta teoría carece de evidencias históricas, ha sido repetida en numerosos textos masónicos y esotéricos, incluyendo el trabajo de Chevalier Ramsay, un masón escocés del siglo XVIII, quien fue uno de los primeros en proponer esta conexión.

En este sentido, Ramsay argumentaba que los masones no eran meros albañiles, sino que se trataba de una orden que descendía de los caballeros cruzados, en especial de los templarios. Según su visión, los ideales de caballería, de lucha por el bien común y de búsqueda de la verdad, se habrían transmitido a través de los siglos mediante los rituales masónicos. Aunque hoy en día esta teoría ha sido desacreditada por los historiadores, fue ampliamente aceptada en su época y sirvió para reforzar la imagen de la masonería como heredera de un conocimiento antiguo y secreto.

Simbolismo compartido y mitología común

El simbolismo es uno de los aspectos que más ha reforzado la asociación entre la masonería y los templarios. En la masonería, muchos de los emblemas y símbolos que se utilizan en los rituales tienen reminiscencias de los templarios. Uno de los más destacados es la cruz, que, aunque común en muchas tradiciones cristianas, tiene un significado especial en ambas órdenes.

Los caballeros templarios llevaban una cruz roja en su vestimenta como símbolo de su dedicación a la causa de la cristiandad. En la masonería, la cruz también es un símbolo importante, especialmente en los grados superiores, como el Rito Escocés Antiguo y Aceptado, donde se la relaciona con los ideales de sacrificio, pureza y redención.

Otro símbolo compartido es el Templo de Salomón, que ocupa un lugar central tanto en la mitología templaria como en la masónica. Los templarios, cuyo nombre completo era "La Orden de los Pobres Caballeros de Cristo y del Templo de Salomón", consideraban que su misión era proteger los santos lugares, incluido el Templo de Salomón en Jerusalén. Por su parte, la masonería ha adoptado el Templo de Salomón como un símbolo de perfección espiritual y de la construcción de un templo interior, lo que refuerza la idea de una conexión simbólica entre ambas organizaciones.

Además, en las leyendas masónicas sobre Hiram Abif y la construcción del Templo de Salomón, se pueden ver paralelismos con el papel de los templarios como guardianes del conocimiento sagrado. Aunque la leyenda de Hiram es una creación propia de la masonería especulativa, los masones han encontrado en ella una conexión espiritual con los templarios, quienes también buscaban la perfección moral y el cumplimiento de una misión divina.

La influencia de los templarios en los rituales masónicos

La influencia templaria en la masonería especulativa es más evidente en algunos de los grados superiores del Rito Escocés Antiguo y Aceptado, donde se hace referencia directa a los caballeros templarios. El grado 30 del Rito Escocés, conocido como "Caballero Kadosh", es uno de los más importantes y tiene una simbología que recuerda claramente a los templarios. En este grado, el iniciado se enfrenta a la necesidad de combatir el mal y la injusticia, manteniendo una conducta recta y honorable, valores que reflejan la esencia de la caballería templaria.

Asimismo, en algunos ritos y grados de la masonería, el iniciado lleva a cabo rituales que emulan las ceremonias de iniciación templaria, lo que ha llevado a muchos a interpretar estos paralelismos como una prueba más de la conexión entre ambas órdenes. A lo largo de los siglos, estos ritos han ido evolucionando, pero mantienen su esencia de lucha contra la tiranía y la opresión, principios que también guían a los caballeros templarios.

Es importante señalar que la masonería moderna ha buscado reinterpretar y adaptar muchos de estos rituales a un contexto más filosófico y moral, alejándose de cualquier connotación militar o religiosa. Sin embargo, la presencia del simbolismo templario sigue siendo una parte fundamental de la estructura y el ceremonial masónico, lo que ha perpetuado la idea de una relación estrecha entre ambas tradiciones.

La creación del Rito Escocés Antiguo y Aceptado

Uno de los hitos más significativos en la historia de la masonería especulativa fue la creación del Rito Escocés Antiguo y Aceptado a principios del siglo XIX. Este rito, compuesto por 33 grados, incorpora elementos templarios en muchos de sus rituales y enseñanzas. Se cree que el rito tiene sus orígenes en Francia, donde los masones buscaron consolidar las enseñanzas esotéricas y filosóficas de los grados superiores.

El Rito Escocés fue una respuesta a la creciente demanda de los masones por profundizar en el conocimiento simbólico y espiritual más allá de los tres grados tradicionales (Aprendiz, Compañero y Maestro). Este sistema de grados superiores ofrecía una estructura más compleja y sofisticada, en la que los masones podían explorar los misterios de la vida, la muerte y la trascendencia a través de la lente del simbolismo templario.

Una de las características más notables del Rito Escocés es su énfasis en los valores caballerescos, como el honor, el sacrificio y la justicia. Estos principios están profundamente arraigados en la tradición templaria, lo que ha llevado a muchos a ver el Rito Escocés como un puente entre la masonería y la caballería medieval. De hecho, algunos grados del rito, como el grado 30 (Caballero Kadosh) y el grado 33 (Soberano Gran Inspector General), están directamente inspirados en los ideales templarios de lucha contra la tiranía y defensa de la verdad.

A pesar de la falta de pruebas históricas que vinculen directamente a los templarios con la masonería, la influencia de la Orden del Temple en el imaginario masónico es innegable. El Rito Escocés Antiguo y Aceptado, con su rico simbolismo y rituales cargados de referencias templarias, sigue siendo una de las manifestaciones más claras de esta conexión.

El mito y la realidad se entrelazan en la relación entre la masonería y los templarios. Aunque los historiadores han desmentido muchas de las teorías que vinculan a ambas órdenes, el legado de los templarios sigue vivo en la masonería especulativa, donde los símbolos y rituales que evocan a la caballería templaria continúan siendo una fuente de inspiración para los masones de todo el mundo.

CAPÍTULO 4: LA EXPANSIÓN POR EUROPA Y AMÉRICA

La masonería especulativa, nacida en la Inglaterra del siglo XVIII, no tardó en expandirse por el resto de Europa y América, influyendo en los principales eventos históricos de los siglos venideros. Su rápido crecimiento y su conexión con movimientos intelectuales y revolucionarios la convirtieron en una fuerza significativa, tanto política como culturalmente. En este capítulo, exploraremos el papel de la masonería en la Ilustración, su influencia en las revoluciones que transformaron Europa y América, y la figura de algunos de los masones más influyentes de la historia.

La masonería en la Ilustración

La Ilustración, un movimiento intelectual del siglo XVIII que promovía la razón, la ciencia y los derechos individuales, encontró en la masonería una plataforma natural para sus ideas. La masonería especulativa, con sus ideales de libertad, igualdad y fraternidad, atrajo a muchos de los pensadores ilustrados, quienes veían en las logias un espacio seguro para debatir ideas que a menudo se consideraban subversivas en las sociedades más conservadoras de la época.

Filósofos como Voltaire, Rousseau y Diderot encontraron en la masonería un refugio para la libre expresión y un terreno fértil para la difusión de sus ideas. La masonería promovía la tolerancia religiosa y la libertad de pensamiento, valores que resonaban profundamente con los ideales ilustrados. Esta relación simbiótica permitió a la masonería crecer en influencia durante este período, expandiendo su red de logias por toda Europa.

En países como Francia, las logias masónicas se convirtieron en centros de reunión para la élite intelectual y política. La Logia de las Nueve Hermanas, por ejemplo, fue una de las más importantes en París y contó entre sus miembros a figuras de la talla de Benjamín Franklin, quien más tarde jugaría un papel crucial en la Revolución Americana. La masonería proporcionaba un foro para la discusión y promoción de ideas que acabarían transformando los cimientos de las sociedades europeas y americanas.

Revoluciones y cambios políticos: la influencia masónica

La Revolución Francesa (1789) fue uno de los eventos más importantes de la historia moderna y tuvo un impacto duradero en la masonería. Si bien no se puede afirmar que la masonería fuera directamente responsable de la revolución, muchos de sus miembros desempeñaron un papel destacado en los eventos que condujeron al fin de la monarquía y al establecimiento de una república en Francia. Los ideales de la Revolución Francesa – libertad, igualdad y fraternidad – eran también los lemas de la masonería, lo que llevó a algunos a especular sobre una relación directa entre ambos movimientos.

Personajes como el marqués de Lafayette, un héroe de la Revolución Americana y figura clave en la Revolución Francesa, eran masones comprometidos. Lafayette, influenciado por su participación en la Guerra de Independencia de los Estados Unidos, donde también estuvo en contacto con otros masones prominentes, regresó a Francia con la firme convicción de que el pueblo francés merecía los mismos derechos y libertades que los colonos estadounidenses.

En América, la masonería desempeñó un papel igualmente importante durante la Revolución Americana (1775-1783). Muchos de los Padres Fundadores de los Estados Unidos eran masones, incluido George Washington, quien fue Maestro de su logia en Virginia. La red de logias masónicas proporcionó a los revolucionarios un espacio de encuentro y planificación, donde podían discutir sus estrategias sin temor a la represión británica.

Benjamín Franklin, uno de los principales arquitectos de la independencia estadounidense, fue un masón influyente que utilizó sus conexiones masónicas en Europa para obtener apoyo para la causa de las colonias. Franklin, quien fue Gran Maestro de la Gran Logia de Pensilvania, fue miembro activo de la Logia de las Nueve Hermanas en París, donde forjó importantes alianzas con intelectuales y diplomáticos que apoyaron la independencia de Estados Unidos.

Masones influyentes: Voltaire, Washington, Bolívar

La historia de la masonería está llena de figuras influyentes que dejaron una marca indeleble en la historia política y social de sus naciones. Entre los masones más notables de la historia encontramos a Voltaire, George Washington y Simón Bolívar, cuyas trayectorias vitales y logros estuvieron en sintonía con los principios masónicos de libertad, igualdad y fraternidad.

Voltaire, uno de los filósofos más destacados de la Ilustración, fue iniciado en la masonería a una edad avanzada, en 1778, poco antes de su muerte. Su ingreso en la Logia de las Nueve Hermanas simbolizó la conexión entre los ideales ilustrados y la masonería, y a pesar de su breve pertenencia, su influencia intelectual perduró en las logias europeas.

George Washington, por su parte, fue uno de los masones más respetados en la historia de los Estados Unidos. Su liderazgo durante la Revolución Americana y su papel como primer presidente del país lo convirtieron en una figura mítica. Washington veía en la masonería una fuente de virtudes cívicas, y durante su vida, participó activamente en ceremonias masónicas. Incluso se dice que llevó a cabo rituales masónicos durante la colocación de la primera piedra del Capitolio de los Estados Unidos, lo que refleja la estrecha relación entre la masonería y los símbolos fundacionales del país.

Simón Bolívar, el Libertador de América, también fue un masón activo. Bolívar, quien lideró la independencia de gran parte de América del Sur del dominio español, fue iniciado en una logia masónica en Cádiz, España, en 1803. Más tarde, se unió a logias en Francia y Londres, donde se dice que desarrolló muchas de las ideas revolucionarias que luego implementaría en su lucha por la libertad de los pueblos latinoamericanos. Para Bolívar, la masonería representaba un marco filosófico de justicia y libertad, y sus acciones revolucionarias estaban alineadas con los principios masónicos que defendía.

La masonería en las independencias latinoamericanas

La influencia de la masonería en los movimientos independentistas de América Latina fue profunda. Al igual que en los Estados Unidos y Francia, las logias masónicas en América Latina sirvieron como lugares de reunión para los revolucionarios que soñaban con liberarse del control colonial español. Además de Bolívar, otros líderes revolucionarios como José de San Martín y Francisco de Miranda también eran masones, y utilizaron las redes masónicas para organizar y coordinar sus campañas de independencia.

La masonería proporcionaba una estructura organizativa y una red internacional que facilitaba la circulación de ideas y recursos entre los revolucionarios de diferentes países. Esto fue particularmente importante en América Latina, donde las distancias geográficas y la represión colonial hacían que la comunicación entre los líderes independentistas fuera difícil.

En México, la influencia de la masonería también fue notable en la lucha por la independencia. Personajes como Miguel Hidalgo y Vicente Guerrero, dos de los principales líderes del movimiento independentista mexicano, eran masones, y muchos de los principios que defendían estaban inspirados en los ideales masónicos de libertad, igualdad y fraternidad.

La masonería, por tanto, jugó un papel clave en la configuración del nuevo orden político y social en América Latina, ayudando a dar forma a los ideales de las nacientes repúblicas independientes. Si bien no todos los líderes independentistas eran masones, las logias proporcionaron un espacio crucial para el debate intelectual y la planificación de las estrategias revolucionarias.

Con la independencia de América Latina, la masonería continuó desempeñando un papel importante en la consolidación de los nuevos estados. En muchos países, los masones ocuparon posiciones de poder en los gobiernos nacientes, y sus ideales de igualdad y fraternidad influyeron en la redacción de constituciones y en la creación de nuevas instituciones republicanas.

La expansión de la masonería por Europa y América dejó una huella profunda en la historia de ambos continentes. Su influencia en la Ilustración, en las revoluciones que sacudieron el mundo occidental y en los movimientos independentistas de América Latina demuestra que la masonería fue mucho más que una simple fraternidad secreta. Fue una fuerza que ayudó a moldear los ideales de libertad y democracia que hoy en día son fundamentales en muchas sociedades.

CAPÍTULO 5: MASONERÍA, OCULTISMO Y ESOTERISMO

La relación entre la masonería, el ocultismo y el esoterismo ha sido objeto de debate durante siglos, alimentando teorías, leyendas y mitos. Aunque la masonería especulativa se fundó con principios racionalistas y humanistas, también es innegable que su estructura, simbolismo y rituales están impregnados de elementos esotéricos que beben de antiguas tradiciones místicas, alquímicas y herméticas. En este capítulo exploraremos las conexiones entre la masonería y diversas corrientes esotéricas, como la alquimia, la cábala y el hermetismo, así como su relación con otras sociedades secretas y escuelas de pensamiento como los rosacruces y los templarios.

La relación de la masonería con la alquimia, la cábala y el hermetismo

Desde su nacimiento, la masonería especulativa adoptó un lenguaje simbólico que, en muchos aspectos, reflejaba las antiguas tradiciones esotéricas de Occidente. Entre las corrientes esotéricas más influyentes en la masonería encontramos la alquimia, la cábala y el hermetismo, todas ellas disciplinas que buscaban, a través del conocimiento oculto, alcanzar un mayor entendimiento del universo y de la naturaleza humana.

La alquimia, con su búsqueda de la transmutación de los metales en oro y el descubrimiento de la piedra filosofal, ha sido interpretada en contextos masónicos como una metáfora del perfeccionamiento espiritual. La idea de que el alma humana puede ser refinada a través de la purificación y la sabiduría, para finalmente alcanzar un estado de perfección, se alinea con las enseñanzas simbólicas de la masonería. Los grados masónicos, que llevan al iniciado a través de diferentes niveles de conocimiento y auto entendimiento, pueden ser vistos como una forma de alquimia espiritual, donde el masón se convierte en su propio alquimista, trabajando en la transformación de su "plomo interior" en "oro".

La cábala, una antigua tradición mística judía, también ha dejado una profunda huella en la masonería. En particular, la "Árbol de la Vida" cabalístico ha sido adoptado como un símbolo central en algunos de los grados más elevados de la masonería. El Árbol de la Vida representa el proceso de creación y la conexión entre lo divino y lo terrenal, y para muchos masones, este diagrama es una representación de la ascensión espiritual a través del conocimiento y la virtud. Los nombres de

Dios en la cábala y el uso del hebreo sagrado también aparecen en rituales masónicos, reflejando la influencia de esta tradición en los aspectos más ocultos de la fraternidad.

El hermetismo, una tradición filosófica que se remonta a Hermes Trismegisto, figura semilegendaria de la antigüedad, también ha influido en la masonería. Los principios herméticos, como el concepto de "lo que está arriba es como lo que está abajo", resuenan con los ideales masónicos de la correspondencia entre lo divino y lo humano. El uso de símbolos como el compás y la escuadra, que representan la capacidad del ser humano para ordenar y medir el universo, también refleja esta influencia hermética. La masonería, al igual que el hermetismo, enseña que el conocimiento del mundo físico es un reflejo del conocimiento espiritual.

Personajes clave: Eliphas Levi y Aleister Crowley

Eliphas Levi, uno de los ocultistas más influyentes del siglo XIX, fue un puente entre la masonería y el ocultismo esotérico. Aunque no fue masón en sentido estricto, sus ideas sobre el simbolismo esotérico y la magia influyeron profundamente en las logias masónicas de su tiempo. Levi fue el responsable de revivir el interés por la cábala y el tarot en círculos esotéricos europeos, y sus obras, como *Dogma y Ritual de la Alta Magia*, dejaron una marca indeleble en el desarrollo de la masonería esotérica.

Levi veía en la masonería una continuación de las antiguas tradiciones esotéricas, y sus escritos promovieron la idea de que los símbolos masónicos, como el compás, la escuadra y el ojo que todo lo ve, eran representaciones de verdades ocultas que los iniciados podían descifrar a través de la meditación y la práctica ritual. Su influencia se extendió a las logias masónicas en Francia y más allá, fomentando un interés renovado en las raíces ocultistas de la masonería.

Aleister Crowley, uno de los ocultistas más controvertidos del siglo XX, también mantuvo una relación ambivalente con la masonería. Aunque fue iniciado en una logia masónica en México en 1900, Crowley rápidamente se distanció de la masonería convencional para crear su propia orden esotérica, conocida como la Ordo Templi Orientis (OTO), que mezclaba elementos de la masonería con enseñanzas ocultistas, rituales mágicos y la filosofía de *Thelema*, que él mismo desarrolló.

Crowley, en su obra *El Libro de la Ley*, defendía una filosofía de auto realización y voluntad personal que estaba en consonancia con algunos de los ideales masónicos, aunque su enfoque en la magia ceremonial y el esoterismo más radical lo separaron de las logias tradicionales. A pesar de esto, su influencia en el pensamiento esotérico masónico, particularmente en lo que respecta a la interpretación de los símbolos y rituales masónicos, ha sido considerable.

El simbolismo ocultista en los rituales masónicos

Uno de los aspectos más fascinantes de la masonería es la riqueza de su simbolismo, que ha sido interpretado de diversas maneras a lo largo de los siglos. Los rituales masónicos están llenos de símbolos que no solo tienen un significado moral o filosófico, sino también un trasfondo esotérico.

El uso de la luz, por ejemplo, es central en la iniciación masónica. Al igual que en muchas tradiciones esotéricas, la luz representa el conocimiento, la verdad y la iluminación espiritual. El iniciado, que comienza su viaje en la oscuridad, avanza simbólicamente hacia la luz a medida que asciende en los grados de la masonería, reflejando un proceso de descubrimiento y auto realización.

Otro símbolo poderoso es el "ojo que todo lo ve", que ha sido interpretado como un símbolo de la omnipresencia divina y de la conciencia cósmica. Este símbolo, que aparece en muchas culturas esotéricas, también tiene conexiones con la tradición hermética y el gnosticismo, donde el ojo representa el despertar espiritual y la capacidad de ver más allá de las apariencias mundanas.

El Templo de Salomón, tan central en la mitología masónica, es otro ejemplo de simbolismo esotérico en la masonería. El templo no solo representa un lugar físico, sino también el ideal de perfección espiritual. Los masones, al construir simbólicamente este templo en sus corazones, están siguiendo una tradición esotérica que ve en la arquitectura sagrada una representación de la estructura del universo y del alma humana.

La masonería esotérica y sus diferentes ritos

Dentro de la masonería, existen varios ritos que han adoptado una orientación esotérica más marcada, diferenciándose de las logias masónicas más tradicionales. Uno de los más influyentes es el Rito Escocés Antiguo y Aceptado, que incluye grados superiores llenos de simbolismo ocultista y referencias a la alquimia, la cábala y el hermetismo.

Este rito, que se desarrolló en Francia y Escocia a finales del siglo XVIII, tiene una estructura jerárquica que lleva al iniciado a través de 33 grados, cada uno de los cuales introduce nuevos símbolos y enseñanzas esotéricas. Los grados más altos del Rito Escocés hacen uso de rituales que, en muchos casos, tienen conexiones con las tradiciones templarias y rosacruces, reflejando la influencia de estas órdenes en el desarrollo de la masonería.

El Rito de Memphis-Misraïm, otro rito esotérico masónico, también se destaca por su enfoque en el ocultismo y el misticismo. Este rito, que combina elementos del antiguo Egipto, el esoterismo cristiano y la alquimia, fue popular entre los masones más interesados en los aspectos esotéricos y mágicos de la tradición masónica. A lo largo de sus 99 grados, el Rito de Memphis-Misraïm lleva al iniciado a través de una serie de enseñanzas ocultistas que abordan la relación entre el microcosmos y el macrocosmos, y que exploran los misterios de la creación.

El vínculo entre la masonería, el ocultismo y el esoterismo ha sido una fuente de fascinación para estudiosos y adeptos durante siglos. Mientras que algunas logias masónicas han mantenido una postura racionalista y humanista, otras han abrazado las antiguas tradiciones esotéricas, fusionando las enseñanzas de la alquimia, la cábala y el hermetismo con los rituales masónicos. El resultado ha sido una rica tradición simbólica que sigue cautivando a aquellos que buscan desvelar los misterios del universo y del alma humana.

CAPÍTULO 6: LEYENDAS NEGRAS Y TEORÍAS DE CONSPIRACIÓN

La masonería ha sido objeto de numerosos mitos, leyendas negras y teorías de conspiración desde sus primeros días. A menudo rodeada de secretismo, la hermandad ha generado suspicacias entre sectores de la sociedad que la ven como una organización con agendas ocultas, en particular relacionadas con la manipulación política y económica a nivel global. En este capítulo, exploraremos algunos de los mitos más persistentes sobre la masonería, desde su supuesta participación en revoluciones y complots internacionales, hasta las acusaciones de control global a través de los Illuminati, pasando por casos históricos que avivaron las sospechas contra la organización.

La masonería y el mito del control global

Uno de los mitos más extendidos sobre la masonería es su supuesto control global. Esta creencia, muy popular entre los defensores de teorías de la conspiración, sostiene que los masones manejan los hilos del poder en todo el mundo, influyendo en decisiones gubernamentales y económicas de manera secreta. Esta idea se ha mantenido viva a lo largo de los siglos, alimentada por el hecho de que varios personajes influyentes han sido masones, como George Washington, Voltaire, Simón Bolívar o Winston Churchill.

El mito del control global se asocia a menudo con los Illuminati, una sociedad secreta bávara fundada en 1776 por Adam Weishaupt, que también ha sido relacionada con la masonería. Los Illuminati eran una pequeña sociedad con fines de reforma política y filosófica, pero con el tiempo, las teorías de conspiración comenzaron a especular que, a través de sus conexiones con los masones, los Illuminati estaban orquestando un plan para establecer un "Nuevo Orden Mundial". Aunque la orden fue oficialmente disuelta en 1785, su legado como conspiración ha perdurado. La masonería ha sido vinculada frecuentemente con esta idea de una élite secreta que conspira para dominar el mundo, aunque no existen pruebas documentadas que respalden esta teoría.

Los Illuminati y la Revolución Francesa

La Revolución Francesa es un evento que a menudo se cita como ejemplo del supuesto poder conspirativo de la masonería. Numerosos teóricos afirman que los masones, junto con los Illuminati, orquestaron el levantamiento revolucionario que llevó al derrocamiento de la monarquía y la proclamación de la Primera República Francesa. Según estas teorías, la masonería, que promovía ideas de igualdad, libertad y fraternidad, habría utilizado su influencia para fomentar la rebelión contra las instituciones monárquicas y clericales.

Sin embargo, no hay evidencia sólida que apoye la idea de que la masonería haya planeado y ejecutado la Revolución Francesa. Aunque es cierto que muchos líderes revolucionarios, como el Marqués de Lafayette y el Duque de Orleans, fueron masones, la realidad es que la Revolución Francesa fue el resultado de múltiples factores socioeconómicos y políticos que iban más allá de cualquier organización secreta. La masonería, como muchas otras instituciones de la época, estaba dividida en cuanto a su apoyo a la revolución. Mientras que algunos masones apoyaban los ideales revolucionarios, otros permanecieron leales al Antiguo Régimen.

El historiador François Furet, en su obra *Penser la Révolution française*, señala que aunque la masonería jugó un papel en la difusión de ideas ilustradas, "no existen pruebas concluyentes de que las logias masónicas fueran agentes directos de la Revolución". Este tipo de afirmaciones, según Furet, son producto de una interpretación simplista de la historia que busca reducir eventos complejos a maniobras de sociedades secretas.

El caso de William Morgan en EE.UU.

Un caso emblemático que alimentó las teorías de conspiración en torno a la masonería fue la desaparición y muerte de William Morgan, un albañil de Batavia, Nueva York, en 1826. Morgan era un masón expulsado que amenazó con publicar un libro revelando los secretos de la masonería, lo que provocó la ira de algunos miembros de la hermandad.

Morgan fue arrestado bajo cargos dudosos y, poco después de su liberación, desapareció misteriosamente. Aunque nunca se encontró su cuerpo, se cree que fue secuestrado y asesinado por masones que querían evitar la publicación de su libro. El escándalo desató una oleada de sentimientos antimasónicos en los Estados Unidos, culminando en la fundación del Partido Antimasónico, el primer tercer partido político en la historia estadounidense.

El caso de Morgan avivó las llamas de la paranoia en torno a la masonería y se convirtió en uno de los principales argumentos utilizados por quienes veían en la fraternidad un poder oculto dispuesto a eliminar a aquellos que amenazaran sus secretos. Aunque el Partido Antimasónico tuvo una corta vida política, el legado de las teorías de conspiración en torno a la masonería persistió en Estados Unidos durante gran parte del siglo XIX.

La masonería y las teorías actuales sobre su influencia en el poder

En tiempos modernos, la masonería continúa siendo objeto de teorías de conspiración que sostienen que sus miembros controlan las instituciones clave del poder global. Estas teorías se han intensificado en la era de Internet, donde la proliferación de información y desinformación ha contribuido a mantener vivo el mito del control masónico.

Algunos argumentan que los símbolos masónicos ocultos en edificios importantes, como el Gran Sello de los Estados Unidos, o en monumentos históricos, son pruebas del poder secreto de la masonería sobre gobiernos y organizaciones internacionales. El ojo que todo lo ve en la pirámide del billete de un dólar, por ejemplo, ha sido interpretado como una señal de la influencia masónica en la creación de la República estadounidense.

El historiador David Icke, autor de varias obras conspirativas, sostiene en *The Biggest Se-*

cret que la masonería, junto con los Illuminati, son parte de una red global de control que busca establecer un gobierno mundial. Aunque estas teorías carecen de pruebas verificables, su persistencia en la cultura popular ha asegurado que la masonería siga siendo percibida por algunos como una organización misteriosa con agendas ocultas.

Las leyendas negras y teorías de conspiración en torno a la masonería son parte de una larga tradición de desconfianza hacia las sociedades secretas. Si bien la masonería ha ejercido una influencia notable en la historia, particularmente en el ámbito de las ideas políticas y filosóficas, las afirmaciones sobre su control global o su participación en complots internacionales son, en su mayoría, productos de la imaginación popular y de una interpretación superficial de la historia. A través de estos mitos, la masonería ha quedado atrapada en una narrativa de poder y misterio que, aunque fascinante, distorsiona su verdadero papel en la sociedad.

CAPÍTULO 7: LA MASONERÍA
EN EL SIGLO XX Y XXI

A lo largo del siglo XX, la masonería se enfrentó a diversos desafíos derivados de las tensiones políticas, sociales y bélicas que marcaron la historia contemporánea. Aunque se la ha considerado tradicionalmente como una organización influyente en los siglos anteriores, durante el siglo XX la masonería tuvo que adaptarse a un mundo en rápida transformación, marcado por dos guerras mundiales, la aparición de regímenes totalitarios y, más tarde, por la globalización y los avances tecnológicos del siglo XXI. Este capítulo examina el rol de la masonería en este turbulento período y su adaptación en el nuevo milenio.

La masonería durante las guerras mundiales y las dictaduras

Las dos guerras mundiales que devastaron Europa en el siglo XX no solo afectaron a las naciones y sus economías, sino también a las sociedades secretas como la masonería. Durante la Primera Guerra Mundial (1914-1918), la masonería se encontró dividida, especialmente en Europa, donde muchas logias cerraron temporalmente o se replegaron debido a la movilización militar. Sin embargo, en algunos casos, los masones de diferentes naciones en conflicto mantuvieron relaciones fraternales, demostrando que, incluso en tiempos de guerra, los ideales de fraternidad y solidaridad transcendentales podían perdurar.

La Segunda Guerra Mundial (1939-1945) representó un reto aún mayor para la masonería, ya que las dictaduras totalitarias de la época, en particular el nazismo en Alemania y el fascismo en Italia, persiguieron a los masones de manera sistemática. Adolf Hitler, en su manifiesto *Mein Kampf*, asoció a la masonería con los judíos y los comunistas, acusándolos de conspirar para destruir la civilización alemana. En este contexto, muchos masones fueron detenidos, enviados a campos de concentración o asesinados. Según el historiador Robert L. D. Cooper, se estima que alrededor de 80.000 masones murieron a manos de los nazis.

El fascismo en Italia, bajo Benito Mussolini, también vio a la masonería como una amenaza a la lealtad al Estado. En 1925, Mussolini prohibió las logias masónicas en Italia, y muchos masones fueron perseguidos o exiliados. A pesar de estos ataques, la masonería sobrevivió en otros países de Europa y América, donde las democracias se mantuvieron firmes.

La relación de la masonería con los movimientos por los derechos civiles

La masonería, especialmente en Estados Unidos, desempeñó un papel crucial en los movimientos por los derechos civiles durante la segunda mitad del siglo XX. Las logias afroamericanas, como la Prince Hall Freemasonry, fundadas en el siglo XVIII, sirvieron como un espacio importante para la organización y el apoyo a las causas de igualdad racial y justicia social. Martin Luther King Jr., aunque no fue masón, mantuvo una relación cercana con muchos miembros de la masonería, quienes apoyaron activamente el movimiento por los derechos civiles.

En América Latina, la masonería también estuvo vinculada a movimientos progresistas y de liberación. Líderes como José Martí en Cuba y Benito Juárez en México promovieron ideales de igualdad y justicia social que resonaban con los valores masónicos. Durante las dictaduras militares de la segunda mitad del siglo XX en América Latina, las logias masónicas a menudo sirvieron como puntos de resistencia y apoyo a los movimientos democráticos.

La masonería en la democracia contemporánea

A partir de la segunda mitad del siglo XX, con el fin de las dictaduras y la consolidación de democracias en Europa y América, la masonería comenzó a adaptarse a un nuevo entorno político y social. En muchos países, las logias masónicas encontraron nuevos espacios de acción, promoviendo la educación, la filantropía y el debate sobre temas de interés público.

En Francia, por ejemplo, la masonería se ha mantenido activa en debates sobre la laicidad y los derechos humanos, alineándose con los valores republicanos. En Estados Unidos, la masonería continúa promoviendo actividades caritativas y educativas a través de organizaciones como los Shriners y los templos masónicos.

Sin embargo, a pesar de su contribución a la sociedad, la masonería ha enfrentado críticas en la democracia contemporánea. Algunos sectores la consideran una organización elitista o incluso antidemocrática debido a su carácter secreto y a su sistema de jerarquías. A pesar de estas críticas, la masonería ha buscado ser más transparente en sus actividades, adaptándose a las expectativas de una sociedad cada vez más abierta y conectada.

Perspectivas sobre el futuro de la masonería en el siglo XXI

En el siglo XXI, la masonería se enfrenta a desafíos únicos derivados de los avances tecnológicos, la globalización y el creciente escepticismo hacia las organizaciones secretas. Las redes sociales e Internet han amplificado las teorías de conspiración sobre la masonería, lo que ha contribuido a una imagen pública a veces distorsionada de la hermandad.

No obstante, la masonería sigue manteniendo su relevancia en la sociedad contemporánea. Muchas logias han adoptado un enfoque más digital, realizando reuniones en línea y utilizando plataformas digitales para atraer a nuevas generaciones. Además, la masonería ha puesto énfasis en el papel del individuo dentro de la organización, promoviendo el autoconocimiento, la moralidad y el trabajo comunitario.

Según el Gran Maestro de la Gran Logia Unida de Inglaterra, Peter Lowndes, "la masonería no es una reliquia del pasado, sino una institución que sigue ofreciendo una oportunidad para que los hombres se reúnan, reflexionen sobre su comportamiento y contribuyan al bienestar de sus comunidades". En este sentido, la masonería sigue manteniendo sus ideales de fraternidad, caridad y verdad, aunque adaptados a un mundo en constante cambio.

CAPÍTULO 8: GRANDES FIGURAS MASÓNICAS

La historia de la masonería está repleta de personajes históricos que, a través de su influencia y poder, han dejado una huella imborrable en la humanidad. Desde líderes políticos hasta pensadores influyentes, la masonería ha contado con una membresía que ha moldeado el curso de la historia en diversas épocas y contextos. En este capítulo, se explorarán algunas de las figuras más notables que han formado parte de la masonería, aportando no solo a la organización, sino también a sus respectivos países y al desarrollo de ideas que han transformado el mundo.

Napoleón Bonaparte

Uno de los líderes más controvertidos y estudiados de la historia, Napoleón Bonaparte, tuvo un estrecho vínculo con la masonería, aunque su membresía directa ha sido objeto de debate. Durante su ascenso al poder, la masonería francesa experimentó una expansión significativa, en parte debido al apoyo de su hermano, José Bonaparte, quien fue Gran Maestre del Gran Oriente de Francia.

El propio Napoleón comprendía el poder de las organizaciones secretas y las utilizó como una herramienta de influencia política, tanto para consolidar su gobierno como para expandir su imperio. Bajo su mandato, la masonería floreció en Francia, y su influencia se extendió por Europa gracias a las conquistas napoleónicas. A pesar de no ser un masón confirmado, Napoleón utilizó la estructura y los valores de la masonería para fortalecer su imperio y promover un sentido de unidad entre las élites de los territorios que conquistaba.

Simón Bolívar

El Libertador de América, Simón Bolívar, es quizás uno de los masones más emblemáticos en la historia de América Latina. Bolívar, iniciado en la masonería en la Logia Madre Escocesa de Cádiz, encontró en los principios masónicos una guía para sus ideales de libertad, igualdad y fraternidad, valores que influenciaron profundamente sus campañas libertadoras.

Durante sus viajes por Europa, Bolívar se involucró en círculos masónicos que compartían su visión de una América libre de la dominación colonial. Al regresar a América, lideró la lucha por la independencia en Venezuela, Colombia, Ecuador, Perú y Bolivia. Se sabe que Bolívar fue miembro de diversas logias en América, y su relación con la masonería no solo reforzó su compromiso con la causa libertadora, sino que también le permitió establecer redes con otros líderes revolucionarios y pensadores de la época.

Winston Churchill

El primer ministro británico durante la Segunda Guerra Mundial, Winston Churchill, es otra figura prominente dentro de la masonería. Iniciado en la Logia Studholme en 1901, Churchill mantuvo una relación intermitente con la masonería a lo largo de su vida. Aunque no siempre fue un miembro activo, los ideales masónicos de libertad, justicia y democracia impregnaron muchas de sus decisiones políticas, especialmente durante la lucha contra el fascismo y el nazismo en la Segunda Guerra Mundial.

Churchill, con su célebre oratoria y liderazgo, fue un defensor acérrimo de los valores democráticos y de la libertad individual. Estas creencias, arraigadas en los principios masónicos, lo guiaron en momentos cruciales de la guerra, cuando defendió la resistencia contra la tiranía nazi y promovió la unidad entre las naciones aliadas. Como uno de los líderes más influyentes del siglo XX, Churchill encarnó los ideales de la masonería en su lucha por preservar la libertad y la dignidad humana frente a las fuerzas totalitarias.

Benito Juárez

En América Latina, uno de los masones más venerados es Benito Juárez, quien desempeñó un papel fundamental en la historia de México durante el siglo XIX. Juárez, de origen indígena zapoteca, fue un ferviente defensor de los principios liberales, y su afiliación a la masonería le permitió acceder a redes de poder que lo ayudaron a ascender políticamente en un México fragmentado y plagado de conflictos internos.

Juárez, iniciado en la Logia Independencia Número 2 en Oaxaca, llevó los ideales masónicos de igualdad, libertad y fraternidad a sus reformas políticas. Como presidente de México, promovió la separación entre la Iglesia y el Estado, la desamortización de los bienes eclesiásticos y la creación de un marco legal que fortaleciera las instituciones republicanas. Juárez no solo reformó profundamente el sistema político mexicano, sino que también se convirtió en un símbolo de resistencia frente a las fuerzas conservadoras y extranjeras, que intentaron imponer un imperio en suelo mexicano.

Otros masones notables

La lista de figuras masónicas ilustres es extensa y diversa. Otros personajes influyentes incluyen a George Washington, primer presidente de los Estados Unidos y uno de los padres fundadores de la nación, cuya membresía masónica es ampliamente conocida y respetada. Washington fue iniciado en la Logia Fredericksburg en 1752 y, durante su vida, promovió los valores masónicos en la construcción de un nuevo estado basado en principios democráticos y republicanos.

Otro masón notable es Giuseppe Garibaldi, líder revolucionario italiano, quien fue instrumental en la unificación de Italia. Garibaldi, miembro de la masonería, promovió la idea de una Italia unida bajo un gobierno republicano, en contraposición a las monarquías y al poder papal. Sus campañas militares y su lucha por la libertad e independencia en Italia reflejan claramente los ideales masónicos de igualdad y fraternidad.

La influencia de la masonería también se ha dejado sentir en las artes y las ciencias. Figuras como Wolfgang Amadeus Mozart, el célebre compositor austriaco, fueron masones activos, y su obra *La flauta mágica* está impregnada de simbolismo masónico, con referencias a la lucha entre la luz y la oscuridad, y a la búsqueda de la sabiduría.

CAPÍTULO 9: MASONERÍA EN LA CULTURA POPULAR

La influencia de la masonería no se limita a los salones de las logias o a las decisiones de figuras políticas e intelectuales de renombre. A lo largo de los siglos, la masonería ha permeado las manifestaciones culturales de diversas formas, dejando su huella en la literatura, el cine, el arte, la arquitectura y otras formas de expresión. Este capítulo explora cómo la masonería ha sido representada en la cultura popular y cómo sus símbolos y ritos han fascinado tanto a los creadores de contenido como al público en general.

Masones en la literatura

La masonería ha sido un tema recurrente en la literatura, especialmente en géneros que tratan temas de misterio, conspiración y esoterismo. Uno de los primeros ejemplos significativos se encuentra en *La Divina Comedia* de Dante Alighieri, obra que algunos estudiosos interpretan como un viaje simbólico influenciado por ideas cercanas al esoterismo masónico. Aunque Dante vivió antes del surgimiento formal de la masonería especulativa, muchos de los temas presentes en su obra, como la búsqueda de la iluminación y el simbolismo de los grados, han sido reinterpretados en clave masónica.

En épocas más recientes, autores como Dan Brown han popularizado la masonería en la literatura contemporánea. Su novela *El símbolo perdido* sitúa a la masonería en el centro de una intriga que mezcla historia, ciencia y mitología. La novela ofrece una representación semi ficticia de los rituales masónicos y del simbolismo que rodea a la orden, lo que ha provocado tanto fascinación como polémica entre los lectores.

Otro autor notable es Umberto Eco, cuya obra *El péndulo de Foucault* ofrece una visión crítica y mordaz de las teorías de conspiración que a menudo rodean a la masonería. Aunque la masonería no es el tema central del libro, el autor construye una trama compleja que explora la obsesión de ciertos círculos por las sociedades secretas, incluyendo a los masones.

Cine y masonería

El cine, con su capacidad para transmitir imágenes poderosas y símbolos, ha sido un medio ideal para explorar y representar a la masonería. Desde clásicos del cine hasta producciones más modernas, la masonería ha sido un tema recurrente que a menudo es utilizado para sugerir conspiraciones o misterios ocultos.

En películas como *National Treasure* (La búsqueda del tesoro) protagonizada por Nicolas Cage, la trama gira en torno a la búsqueda de un tesoro secreto oculto por los masones. La película juega con la idea de que la masonería, al igual que los templarios, ha custodiado secretos de gran poder durante siglos, una narrativa que refuerza la fascinación popular por las sociedades secretas.

Otra película que explora de manera más sutil el simbolismo masónico es *Eyes Wide Shut* (Ojos bien cerrados), dirigida por Stanley Kubrick. Aunque no es explícitamente sobre la masonería, muchos críticos han sugerido que la película aborda temas relacionados con las élites y las sociedades secretas. Los elementos rituales y las jerarquías ocultas que aparecen en el filme evocan asociaciones con la masonería y su simbolismo esotérico.

Además, en películas como *From Hell* (Desde el infierno), basada en la novela gráfica de Alan Moore, la masonería juega un papel central en la representación de las conspiraciones que rodean a Jack el Destripador. El filme muestra a la masonería como una organización de poder e influencia detrás de los eventos históricos, una visión que refuerza el mito de su control sobre asuntos globales.

El impacto de los símbolos masónicos en la arquitectura

Uno de los legados más duraderos de la masonería en la cultura popular se encuentra en la arquitectura. Los masones operativos, los constructores de catedrales, dejaron una rica herencia de edificios imponentes y llenos de simbolismo que aún hoy en día impresionan por su complejidad y belleza.

En la masonería especulativa, el simbolismo de la arquitectura se convirtió en una herramienta para expresar las aspiraciones espirituales y filosóficas de sus miembros. Los templos masónicos, con su diseño cuidadoso y cargado de significados, son un ejemplo claro de cómo los masones utilizaron la arquitectura como una metáfora del proceso de autoconstrucción del individuo. Elementos como la escuadra, el compás y la piedra bruta son omnipresentes en las logias, recordando a los masones la necesidad de trabajar en su perfeccionamiento personal.

Este simbolismo también se encuentra en edificaciones emblemáticas como la Casa Blanca en Washington D.C. o el Capitolio de los Estados Unidos. Se ha sugerido que los planos y diseños de estos edificios contienen referencias masónicas, ya que varios de los arquitectos y líderes políticos involucrados en su construcción eran masones. En particular, George Washington, masón de alto grado, colocó la primera piedra del Capitolio con una ceremonia masónica, lo que refuerza la idea de que los principios masónicos están inscritos en el tejido mismo de algunas de las estructuras más importantes del mundo.

Masonería y arte

El arte ha sido otra vía a través de la cual los masones han expresado sus ideales y simbología. Artistas como William Blake, un poeta y pintor británico del siglo XVIII, integraron principios masónicos en su obra. Blake, aunque nunca fue miembro oficial de la masonería, utilizó símbolos y conceptos masónicos en sus grabados y pinturas, fusionando elementos de la mitología, la religión y el misticismo que resonaban con las ideas masónicas.

Por otro lado, artistas contemporáneos siguen utilizando la iconografía masónica como una fuente de inspiración. El uso de la escuadra y el compás, así como otros emblemas masónicos, es común en obras que buscan explorar temas relacionados con el conocimiento oculto, el poder y la transformación personal.

La masonería ha dejado una profunda impronta en la cultura popular, manifestándose en diversas formas de expresión artística y simbólica. Ya sea a través de la literatura, el cine, la arquitectura o el arte, los valores y símbolos masónicos han capturado la imaginación colectiva, convirtiéndose en un tema recurrente que suscita tanto admiración como suspicacia. Los mitos y realidades que rodean a la masonería seguirán siendo una fuente de inspiración para futuras generaciones, que continuarán explorando su significado y legado en la cultura contemporánea.

EPÍLOGO: REFLEXIONES SOBRE LA MASONERÍA

La masonería ha sido, a lo largo de su historia, un fenómeno enigmático que ha despertado tanto admiración como desconfianza. Sus valores universales, su estructura jerárquica, el misterio de sus rituales y la discreción de sus miembros han convertido a la masonería en una de las instituciones más fascinantes y debatidas del mundo. En este epílogo, reflexionaremos sobre el papel de la masonería en la sociedad contemporánea, evaluando su impacto, su vigencia y los mitos que la rodean.

Mito y realidad: la masonería en la sociedad contemporánea

A pesar de los mitos que han florecido en torno a la masonería, su influencia en el mundo actual es más modesta de lo que algunos podrían imaginar. Los masones ya no ejercen el poder político y social que pudieron tener en siglos anteriores, y su influencia en la toma de decisiones a nivel global ha disminuido considerablemente. Sin embargo, la masonería sigue siendo un lugar donde se fomentan los ideales de fraternidad, igualdad y búsqueda del conocimiento.

El mito del control global, alimentado por teorías de conspiración que señalan a la masonería como una organización secreta que gobierna en las sombras, ha sido un obstáculo recurrente en la comprensión objetiva de su verdadero rol. En realidad, la masonería no es una entidad monolítica ni homogénea, sino una red de logias que operan de manera independiente, siguiendo principios comunes, pero con variaciones locales y culturales. En lugar de conspirar para gobernar el mundo, los masones buscan promover valores éticos y morales entre sus miembros.

No obstante, la persistencia de estos mitos sigue presente en la imaginación popular, lo que demuestra el atractivo del misterio y el esoterismo asociado a la masonería. En muchos casos, la narrativa conspirativa ha sido potenciada por libros, películas y teorías que buscan simplificar los eventos complejos de la historia bajo una sola causa, dando a la masonería un papel protagónico que a menudo no tiene en la realidad.

La masonería como un puente entre el pasado y el presente

Aunque la masonería especulativa emergió en el siglo XVIII, sus raíces simbólicas se hunden en el pasado remoto. Los masones operativos, los antiguos constructores de catedrales, transmitieron a través de sus gremios no solo las habilidades técnicas de la construcción, sino también un cuerpo de enseñanzas filosóficas y morales que hoy en día siguen siendo relevantes. A través de sus rituales y símbolos, la masonería mantiene una conexión con ese pasado, sirviendo como un puente entre las enseñanzas de los antiguos y las necesidades del presente.

Esta continuidad en el tiempo le ha permitido a la masonería adaptarse a los cambios sociales y políticos, sin perder de vista sus principios fundamentales. En el siglo XXI, la masonería sigue siendo un espacio para la reflexión personal y colectiva, donde sus miembros pueden encontrarse con ideas que trascienden lo inmediato. A través del estudio del simbolismo, los masones se enfrentan a preguntas existenciales sobre el sentido de la vida, el bien y el mal, y el lugar del ser humano en el universo.

La vigencia de los valores masónicos

Los valores que la masonería ha promovido desde sus inicios—libertad, igualdad, fraternidad, tolerancia y búsqueda de la verdad—siguen siendo tan relevantes hoy como lo fueron en el pasado. En una era marcada por la polarización, la intolerancia y el individualismo, la masonería ofrece una alternativa basada en el diálogo, el respeto mutuo y la cooperación. Los ideales masónicos se presentan como una brújula ética en un mundo cada vez más incierto.

Uno de los aspectos más valorados por los masones es la fraternidad, un lazo que trasciende las barreras de clase, raza, religión o nacionalidad. En un momento en que las divisiones sociales parecen profundizarse, la masonería sigue siendo un espacio donde personas de diferentes orígenes pueden encontrarse en un plano de igualdad y trabajar juntas por el bien común.

Además, la búsqueda de la verdad—otro de los pilares fundamentales de la masonería—adquiere especial relevancia en una época en la que la desinformación y las "verdades alternativas" proliferan en los medios de comunicación y las redes sociales. Para los masones, la verdad no es un dogma fijo, sino un ideal que debe ser perseguido a través de la razón, el diálogo y el estudio continuo.

REFLEXIÓN FINAL

En un mundo que cambia rápidamente, donde las instituciones tradicionales a menudo son cuestionadas, la masonería sigue ofreciendo un espacio para la reflexión profunda sobre los grandes temas de la vida. Aunque ha perdido parte de la influencia que una vez tuvo en las esferas del poder, sigue siendo una comunidad que valora el autoconocimiento, la ética y la fraternidad.

La persistencia de la masonería a lo largo de los siglos es una prueba de su capacidad para adaptarse y perdurar. Aunque sigue siendo objeto de mitos y malentendidos, para aquellos que buscan más allá de las leyendas, la masonería sigue ofreciendo un camino hacia la iluminación personal y la mejora de la sociedad.

BIBLIOGRAFÍA RECOMENDADA SOBRE LA MASONERÍA:

La investigación histórica sobre la masonería y su impacto en la sociedad se ha nutrido de una extensa literatura a lo largo de los siglos. Los siguientes títulos son solo una pequeña muestra de los libros y artículos fundamentales que se han utilizado para la elaboración de este libro. En ellos, el lector interesado encontrará un punto de partida para profundizar en los distintos aspectos tratados a lo largo de los capítulos.

La historia de la francmasonería - Albert G. Mackey En esta obra clásica, Mackey ofrece una visión completa de los orígenes, desarrollo y expansión de la masonería, abarcando desde sus raíces en los gremios de constructores medievales hasta la formación de la masonería especulativa en el siglo XVIII.

Los templarios y la masonería - John J. Robinson Robinson explora las conexiones entre los caballeros templarios y la masonería, ofreciendo una perspectiva sobre los mitos que han surgido en torno a la relación entre ambas organizaciones.

Masonería, simbolismo y mitología - Jules Boucher Este estudio se centra en el análisis simbólico de los rituales masónicos y su relación con las mitologías antiguas, con un enfoque en el esoterismo y el ocultismo.

Las Constituciones de Anderson - James Anderson Este es un documento clave en la historia de la masonería especulativa, que establece las reglas y principios sobre los cuales se basan las logias modernas.

La masonería en la revolución francesa - Charles Webster Webster analiza el papel que los masones jugaron durante la Revolución Francesa, un momento crucial en la historia moderna de Europa y el mundo, abordando la relación entre las logias y los movimientos revolucionarios.

El mito de los Illuminati - Terry Melanson Melanson desmantela las teorías de conspiración que han vinculado a la masonería con los Illuminati, ofreciendo una perspectiva basada en hechos históricos documentados.

Eliphas Levi y la tradición oculta - Arthur Edward Waite Este libro explora el impacto de figuras clave como Eliphas Levi en el desarrollo de las ideas esotéricas dentro de la masonería, así como la influencia de la cábala y el hermetismo en los rituales masónicos.

La influencia de la masonería en la independencia de América Latina - Mariano Picon-Salas Un análisis detallado del papel que los masones jugaron en las luchas por la independencia de varios países de América Latina, centrándose en figuras como Simón Bolívar y José de San Martín.

La Gran Logia de Londres y la masonería especulativa - David Stevenson Este libro ofrece un estudio en profundidad sobre la fundación de la Gran Logia de Londres en 1717 y su impacto en la evolución de la masonería moderna.

Historia de la masonería en Europa - Roger Dachez Dachez rastrea la expansión de la masonería por Europa, enfocándose en su relación con los movimientos políticos, culturales y sociales desde la Ilustración hasta el siglo XXI.

Winston Churchill y la masonería - Michael Richards Richards examina la relación de Winston Churchill con la masonería, explorando cómo su membresía influyó en su carrera política y sus decisiones durante la Segunda Guerra Mundial.

La masonería y el ocultismo en el siglo XIX - Joscelyn Godwin Este libro analiza la conexión entre la masonería y las corrientes ocultistas del siglo XIX, destacando figuras como Aleister Crowley y su relación con las logias masónicas.

BIBLIOGRAFÍA CONSULTADA

Mackey, Albert G. *The History of Freemasonry*. Chicago: Charles T. Powner Co., 1966.

Robinson, John J. *Born in Blood: The Lost Secrets of Freemasonry*. New York: M. Evans & Company, 1989.

Boucher, Jules. *La symbolique maçonnique*. Paris: Dangles, 1948.

Stevenson, David. *The Origins of Freemasonry: Scotland's Century, 1590-1710*. Cambridge: Cambridge University Press, 1988.

Ridley, Jasper. *The Freemasons: A History of the World's Most Powerful Secret Society*. New York: Arcade Publishing, 1999.

Knight, Christopher, y Robert Lomas. *The Hiram Key: Pharaohs, Freemasons and the Discovery of the Secret Scrolls of Christ*. London: Century, 1996.

Baigent, Michael, Richard Leigh y Henry Lincoln. *Holy Blood, Holy Grail*. London: Jonathan Cape, 1982.

Yates, Frances A. *The Rosicrucian Enlightenment*. London: Routledge, 1972.

Pike, Albert. *Morals and Dogma of the Ancient and Accepted Scottish Rite of Freemasonry*. Charleston: Supreme Council, 1871.

Waite, Arthur Edward. *A New Encyclopaedia of Freemasonry*. London: William Rider & Son, 1921.

Fahey, Charles. *The Morgan Affair: An Investigation into the Disappearance of William Morgan and Its Consequences*. Boston: Beacon Press, 1974.

Harrison, David. *The Genesis of Freemasonry*. Lewes: Sussex Academic Press, 2009.

Goodrick-Clarke, Nicholas. *The Western Esoteric Traditions: A Historical Introduction.* New York: Oxford University Press, 2008.

Lachman, Gary. *Turn Off Your Mind: The Mystic Sixties and the Dark Side of the Age of Aquarius.* New York: Disinformation Company, 2001.

Jones, Bernard E. *Freemasons' Guide and Compendium.* London: G. Bell & Sons, 1950.

Vaughan, Alden. *The Influence of Freemasonry on the American Revolution.* New York: Macmillan, 1920.

Campbell, Joseph. *The Hero with a Thousand Faces.* Princeton: Princeton University Press, 1949.

Knoop, Douglas y G.P. Jones. *The Mediaeval Mason.* Manchester: Manchester University Press, 1933.

Lea, Henry Charles. *A History of the Inquisition of the Middle Ages.* New York: Harper & Brothers, 1888.

Markham, Clements R. *Life of Simon Bolivar.* Boston: D. Appleton & Company, 1882.

Laurie, William. *The History of Free Masonry and the Grand Lodge of Scotland.* Edinburgh: Blackwood & Sons, 1859.

Dafoe, Stephen. *The Compasses and the Cross: A History of the Knights Templar and Freemasonry.* Kemptville: Lewis Masonic, 2008.

Freke, Timothy y Peter Gandy. *The Hermetica: The Lost Wisdom of the Pharaohs.* London: HarperCollins, 1998.

Cooper, Robert L.D. *Cracking the Freemasons Code: The Truth about Solomon's Key and the Brotherhood.* New York: Simon & Schuster, 2007.

Carr, Harry. *The Freemason at Work.* London: Lewis Masonic, 1976.

Lomas, Robert. *Turning the Hiram Key: Rituals of Free-masonry Revealed.* London: Century, 2005.

Snoek, Jan A.M. *Initiating Women in Freemasonry: The Adoption Rite.* Leiden: Brill, 2012.

Macoy, Robert. *A Dictionary of Freemasonry.* New York: Gramercy Books, 1989.

Chevallier, Pierre. *Histoire de la Franc-Maçonnerie Française.* Paris: Fayard, 1974.

Anderson, James. *The Constitutions of the Free-Masons.* London: William Hunter, 1723.